Carmen Lora Parra

DESDE EL ALMA

Bubok

Título original: **Desde el alma**

Autor: María Carmen Lora Parra

Editor: Bubok Publishing S.L.

Depósito Legal: M-15852-2010

ISBN: 978-84-9916-667-4

A la pasión,
que nos lleva del éxtasis
a la adicción,
y en alas del duelo
a la compasión
virtual
del amor eterno
incondicional.

Al hombre que inspiró

todos estos sentimientos.

Índice

No se trata de cómo yo te llame,
sino a qué respondes tú.

Pero si no sabes quién eres,
cualquiera
puede ponerte un nombre.

Y si cualquiera
puede ponerte un nombre,

entonces, responderás
a cualquier cosa.

PROVERBIO AFRICANO

I.   *AL PRINCIPIO...*

Tus contradicciones

Tal vez me amas

porque sientes vida

en mi presencia.

Tal vez me odias

porque sientes que habito

tus ausencias.

Y te rescato de ese mundo

de ensueño

del que no te atreves

a salir.

Esta noche he presenciado

el mundo de las sombras

que habitan el espejo.

He dejado de existir

en un sueño

que muestra y oculta,

a su antojo,

que edifica

sobre nubes del deseo

destinadas a precipitarse,

cubriendo de humedad nuestra

impaciencia.

Tal vez todo esto parezca un sin

sentido

pero alberga una clave

que te ayudaré a revelar

junto a mí.

Infinito Amor como Ilimitado Universo.

¡Paciencia!

La ternura teje una dulce y sedosa red

que desnuda las contradicciones,

las tuyas y las mías.

II.   EL ENCUENTRO

La cumbre de Narayama

Envuelta en tu sudor

voy desvelando

el flujo de la vida.

Paseando

mis labios por tu piel

van caminando.

Inmersa en tu sentir

voy escrutando

la huella de una herida.

Deshaciendo

los nudos de la ira.

Despertando

el ansia adormecida.

Revolviendo

desvanes del recuerdo.

Hilvanando

retazos de requiebros

de otras bocas,

letargos que quedaron

esperando

que dieras tú aquel paso

transitando

la duda de un abismo en el fracaso.

Te preguntas

por qué vuelcas tu alma en mi regazo.

Tu trémulo pudor

interrogando

misterios de una noche.

Navegando

el mar de los silencios descifrados.

No temas que me encuentre

aquí escuchando

tu canto trovador y lastimero

de notas de ternura que rozaron

el borde del deseo de alzar el vuelo.

Dejándote a ti en tierra

meditando.

Yo entiendo de ternuras y tristezas.

Te miro en el espejo de mi trazo.

Encierro en la memoria demenciada

secretos de la cripta del pasado.

Escúchate en tu anhelo

confiando.

Recógeme en tu seno

sonriendo.

Hasta que llegaste tú

Nunca mi pelo fue azul

ni mi risa terciopelo...

destapando el tibio velo

con tu anhelo,

hacia mi sur.

Tu cuerpo yace en mi alma

tu mirada, en mi recuerdo

tus labios,

en lo más tierno

de la pasión que me calma.

Tu deseo,

me conmueve

me desborda

me penetra

me dispara

me enloquece

me dibuja en el azul de tu frente

en el brillo de tus ojos

en el latir de tus sienes...

me encumbra hacia una muerte dulce

precipitándome en vértigo...

La vida se desvanece

y dulcemente me adormece.

La ráfaga se torna lago

para yacer a tu lado

a tu costado,

los dos, de amor empapados.

III.   EL INSTANTE

Pleamar

Me alejo un instante de ti

y tu sangre caliente

me viene a buscar...

aunque estemos saciados de amar.

Me asomo a una puesta de sol

y hacia la ventana

y sin avisar

un mar de calor me viene a besar...

aunque estemos saciados de amar.

Como gata libre

me escapo al alfeizar

de la ventana

y me siento mirando en la tarde

como va escapando

la mañana

y me buscas sereno con tu mirada

y me llamas "duende"

y tu risa dulce me envuelve con su calma

y te acercas más...

aunque estemos saciados de amar.

Paseamos juntos

subiendo colinas hacia miradores,

bajando las huellas

camino de piedra

de otros soñadores.

Adelanto el paso

huyendo del miedo

de marchitas flores...

y te acercas por detrás

y tu abrazo firme

y tu beso en la nuca

me viene a aliviar...

aunque estemos saciados de amar.

Cuando cae la noche,

después de cenar,

me llevas al cielo

y me quieres mostrar

cómo las estrellas

se pueden fugar.

Yo le pido a Dios que me deje dar

una ofrenda juntos a la humanidad

y tú me respondes:

"ha nacido ya... "

y hundiendo tu cara dentro de mi pelo

me quieres besar...

aunque estemos saciados de amar.

No haces estas cosas

ni por cortesía,

ni por compasión,

ni por rebeldía

ni antiguo rencor

no lo haces por mí,

te lo digo yo,

no lo haces por ti,

desde tu temor,

sino por nosotros.

Aunque estemos saciados de amor...

IV.   LA DESPEDIDA

Aguas Mansas, Ojos Radiantes

Un trozo de mi alma

se te fue detrás.

La luz de mi ausencia

te viene a encontrar.

Me viene a buscar

un hondo silencio.

Y en él me envuelvo

a evocar tu deseo.

Para rememorar

largas horas de sosiego.

Porque tú lo quieres

porque yo lo tengo.

Himno a la Alegría

Universo nuevo.

Fluye sangre libre de melancolía.

Y evocando tu mirada

siento el brillo de tus ojos

que con pasión contenida

me baña en una cascada

fresca y cálida,

a merced de tu antojo

a merced de tu calma,

liberada de enojo,

con pasión desbordada

fluyendo desde su centro

hasta el centro de mi alma

Tu voz susurra palabras

que me desvelan misterios

que alimentan mi saber

que me permiten leer

el mundo que llevas dentro:

Libertad y Cautiverio.

¡La música te hace libre!

Me monta sobre tus alas

llevándome a algún lugar

donde el tiempo se detiene

donde pasean las hadas.

Y tu aliento se contiene

por no decir que me amas.

Yo también contengo el mío

para evitar el dolor

para evitar la inquietud

para darte plenitud

para ofrecerte mi amor.

V. LA AÑORANZA

Amar adentro

Quiero guardarte dentro de mi vientre.

Y es que esta mañana, al despertar,

todavía siento

el calor intenso

de esa huella dulce

que dejó en mi cuerpo

tu sangre caliente.

Y es que tu ausencia

duele muy dentro.

Llama que me llama.

Fuego que reclama.

Barco que navega contra la corriente.

Quiero guardarte dentro de mi vientre.

Quiero guardarte dentro de mi vientre

porque tengo miedo:

de que ya no vuelvas

de que te entretengas

de que ya no vienes

de que pasa el tiempo

de que tú me tienes

de que no te tengo

de "espera un momento"

de que ya no tenga

risa que ofrecerte

de que voy corriendo

a nuestro breve encuentro

de que tú te pierdes

de que yo te espero

de que tú me encuentras

de que yo te siento...

trémula promesa

de un futuro incierto.

Pero a Dios le pido

que me sigas dando

esa tibia estela

que dejan tus dedos

cuando por mi piel

se van paseando.

Son teclas que tocas,

sinfonía tierna,

notas que resuenan

cada nuevo encuentro.

Música que vibra

dentro de tu mente.

Quiero guardarla dentro de mi vientre.

Y si Dios lo quiere,

un día sagrado

en el Universo

nacerá una estrella

para el firmamento.

Yo daré mi verso.

Tú darás tu son.

Con esa simiente,

vientre de tu vientre

crecerá en mi vientre

y se hará canción.

§   §   §

Más allá del tiempo

Si en mucho tiempo

no vuelvo a verte

ven a mi lado

para quererte.

Esa es tu excusa

y ese mi anhelo

para tenerte.

Y Azar nos usa

con este juego

de buena suerte.

Y amarra fuerte

con ese abrazo

que enciende el fuego.

Último beso.

No sé si luego...

Y tú me buscas.

Y yo te llamo.

Y te interrogas

en la palma de mi mano.

Ese secreto

que te hace el amo

de tu destino.

Ese misterio

de cautiverio

que no esclaviza

nuestro camino.

Que te hace fuerte,

que me hace libre

para mirarnos

para tocarnos

para olvidarnos.

Siempre a lo lejos

brilla el reflejo

de una inminente

despedida.

Que teme muerte

que alumbra vida

que lleva dentro

una dulce herida.

Y nos decimos, tras la partida:

vente mañana para ofrecerte

mi último beso

por si en mi sueño

no vuelvo a verte.

Sueña con eso.

¡Deséame fuerte!

Siento el deseo

de florecerte.

Por si mañana

no he de tenerte,

entra en mi vida

ven a mi cama.

Seré tu dama.

Ven y comparte

la misma suerte.

Por si algún día

vuelvo a perderte.

Por si algún día

vuelvo a tenerte.

§   §   §

De madrugada.

A veces, hasta me molesta

la pasión que por ti siento,

me desvela arrancándome del sueño,

por soñar contigo,

las mil formas en que mi boca

apresa tu cuerpo.

Las mil formas en que tu boca

retiene mi aliento.

Secuestra mi seno y lo invoca

y lo lleva mar adentro,

y lo provoca,

y lo lleva en volandas

perdiéndose lejos,

en la llanura y en el cerro,

en el mar de los abismos,

en el cantar de los muertos,

en el cáliz de las flores,

en los pétalos al viento.

Y entonces... me desvanezco

y me convierto en un sueño

que se convierte en un soplo

que se desliza en tu nuca

con alas de mariposa

sobrevolando tus rosas

sorteando tus espinas

alborotando tu pelo.

Y aunque mucho me moleste,

aunque esquive todo empeño,

mi alma vuela a tu lado

y se suelta de mis manos

para hallarse con su dueño.

VI.   *LA ESPERANZA*

La distancia

Si cada nueva partida

lleva de nuevo

a cruzar el dolor,

si se desangra la herida

que la distancia brotó,

y en el reencuentro,

resurge la vida

en todo su esplendor

¿Qué puedo hacer con aquello

que siente mi corazón?

Cada pequeño detalle me habla de ti

y mi único empeño es poder compartir

ese camino que cada uno va a recorrer

que nos unió en un punto

que ignoro saber.

Si la incertidumbre abre la herida

como vieja lanza,

como frío acero,

que diluye y mata

 la esperanza,

 resta confianza

 al amor viajero

¿Qué me queda esperar

 en tiempo venidero?

Acompañamiento, amor y cuidado

es lo que aspiro gozar a tu lado,

para recibirlo y para donarlo

como ofrenda a la vida

que tanto me ha dado,

a la que tanto imploro

por un nuevo encuentro

con flores silvestres

que mi alma ha sembrado

en otros momentos,

antes de encontrarte
en mi camino.

Unas veces con dolor,
otras, con devoción
otras, con desatino
otras, sin compasión
y a veces con desamor...
¡es el destino!

Todas ellas semillas
de arcaico granero
construído en la tierra
y habitado en el cielo.

Y tú me pides que cubra
de alegría
cada nuevo instante.
Pero mi poesía
de entregada amante,

sin calor, se enfría
en cada nuevo trance.

Me desconcierta tu temor.
¡No comprendo las razones
de tu obrar incierto!
¡Dímelo tú, mi dueño!

Dices querer conocerme
y no estás muy abierto
a las explicaciones
que buscan razones.

Y por eso quiero
ver al descubierto
tus motivos,
y tu sentir,
tu deseo...
tu esperanza de vivir
tu sueño primero.

La Madre Tierra

no nos hizo iguales.

Las mujeres cuidan

del Jardín del Edén,

los hombres buscan

nuevos horizontes

donde hallar semillas

que la vida esconde.

Sin saber a veces que se lleva dentro

en cada mirada, en cada tibio beso,

en cada nuevo encuentro.

Pero no es posible descubrir eso

si no se cruzan las miradas,

si no se funden los besos.

Construyéndose un nuevo futuro

donde cada fruto tenga su espacio

para devenir y hacerse maduro.

¿Cuál es el secreto?

No imploro presencia,

tan sólo un aliento

que ofrezca sentido

a este sentimiento.

No puedo seguir esperando

para descubrir

cuál es el lugar

que ocupo en tu vida.

¿Acaso quien espera en silencio

que en ti resurja la pasión dormida?

¡Mucho sufrimiento!

¡No vale "la pena"...!

Yo no estoy dispuesta

a pagar el precio de esa esclavitud.

¡Injusta condena!

Por eso me marcho,

por eso te dejo... con tu duda a solas

que tu libre albedrío decida

cuál es el camino a seguir en tu vida.

Por eso yo soy la que ahora

emprende la partida.

Ya va siendo hora

de que yo me cure de esta vieja herida.

Me voy de tu lado porque yo te quiero.

Porque ya no aguanto más confinamiento

de noches de insomnio

y de este humor

que me siembran los demonios.

¡Me voy!

Ya no aguanto más este lamento,

no saber lo que sientes mar adentro.

Me voy sin ningún resentimiento.

Con mi cuerpo lleno

de caricias dulces

y dulces momentos,

de tiernos sonidos

y estremecimientos.

Me voy porque sabes lo que siento

y no quiero ser árbol que te impida

ver el cielo.

Quiero ser horizonte que nos lleve

al crecimiento,

si curas el dolor que te apresa

en otro cuerpo.

Sé que te parte en dos el sufrimiento,

por la cintura.

Se convierte tu cuerpo en armadura,

te aleja de tu piel

y del centro de tu ternura.

Me voy porque mereces

que te ame

y tu bien quiera.

Por darte tiempo

de poder encontrar

un hueco en tu alma

que te hable de mí,

que te diga que me amas.

Si es así, me has de llamar

para juntos emprender

nueva mañana.

Y en la alborada

iniciar una senda enamorada.

Si no es así, te has de olvidar

de que te quiero.

Y esa estrella de mar y ese lucero

que te he entregado

se irán contigo,

serán amigos

y en las noches de dolor,

serán tu abrigo.

VII. EL PORVENIR

Llegó la aurora de un nuevo día

Te espero muy cerca en la distancia

que enlaza tu alma con la mía.

Y me siento impaciente,

ilusionada

de que vuelva a mis ojos

tu mirada.

Paseamos un trecho.

Y al llegar al extremo del camino

me pides que probemos otro sino,

haciendo nuestro amor secreto

a la mirada ajena.

Y cortar la cadena

que te pueda amarrar

si otro fuego te invita a gozar.

Y te alejas dudando

y me sigues mirando

de reojo.

Y te encuentras un cuerpo

y otros ojos.

Sin dejar de mirarme,

sin dejar de observarme,

sin dejar de alejarte,

gozas tus nuevas sensaciones.

Me contemplas un poco temeroso

cómo arrojo mi cuerpo

a otro cálido mar

que me baña de azul

en profundas y dulces confusiones.

Y me voy navegando con dolor

alejando mis ojos con pudor

de ese abrazo intenso

de ese abrazo ardiente

que te brinda otra

ávida de besos,

otro cuerpo implorando

tu simiente.

Tu mirada al acecho,

clavada en mi espalda.

Olas de despecho

y me vuelvo indulgente

y me dejo llevar por la corriente

de otras aguas profundas y valientes.

Nuevas sensaciones alivian mi anhelo

y le vuelvo la espalda a ese desvelo

de tu alma y la mía

que mantienen un lazo anudado en el

Cielo.

Esperas un poco impaciente

entender de nuevo lo que sientes.

Un grito de espanto en tu interior

te inunda de celos,

siembra el desconsuelo,

enlaza tu angustia con la mía.

Te armas de valor en tu agonía

y escuchas a tu corazón

que siempre te tuvo alerta

llamando fuerte a tu puerta

que ya dejabas entreabierta.

Para que el rayo de luz

que asomaba de nuevo

en tu futuro

llenara toda la casa

del duendecillo andaluz,

con perfume azahar

que se ha hecho contigo

más maduro.

Regresando en tu pasión

recién hallada

a tu amor pudoroso

adolescente,

rodeado y ausente

entre la gente,

recobrando ese brillo en tu mirada,

me susurras tus versos tontorrones,

de niño entusiasmado sin razones.

Sentado frente a mí,

con lluvia tierna

miras a mis ojos,

yo miro tus labios.

Te pido dos palabras,

y tomas aliento…

mi corazón ya salta de contento

y mi alma te abraza

¡cuando escucho por fin

ese "te quiero"!

Palabras que suenan

con un eco extraño

en tus adentros.

Siempre presentidas,

brillando en tus ojos

en todo momento.

Siempre y desde siempre,

aunque te rieras,

aunque te turbaras,

cuando yo te hablaba

de mis sentimientos.

Pero al fin abierto

y de par en par

tu corazón,

como un torbellino

que lo arrasa todo,

envuelve mi cuerpo,

se muere de celos,

me abruma,

me asusta,

me secuestra,

y me roba voraz

hasta el aliento.

Me cubre de flores,

de presentimientos

de días felices,

de felices sueños,

de amorosas dudas

de temor incierto.

Me ofreces tu vida.

Me entregas tu cuerpo.

Me pides que siga

de tu mano

un largo camino

de conocimiento

con rosas y espinas

pero al dulce amparo

de tus sentimientos.

Y te doy la mano

y me siento reina

dentro de mi reino

y reino en el tuyo

y tú reinas dentro

de mi pensamiento.

Como dos chiquillos

que corren al viento

buscando aventuras

a destiempo,

presente el presente,

presente continuo el sentimiento,

pasión por bandera,

y un amor brujo,

zapatitos nuevos

de contento,

recorremos juntos el sendero,

de un amor extraño hasta el momento

de conocernos.

De un amor sublime,

de un amor inmenso

con el que sembramos

hombres y jardines,

mujeres y templos.

Con el que acunamos,

haciéndolo extenso,

al desamparado,

al paisaje yermo,

a la luna loca,

al cenit intenso

de este mediodía

que irradia la luz,

desde el mismo centro.

De una madrugada

que se hace alborada

y que llevamos dentro.

Con la que alumbrarnos,

lumbre de mis sueños,

chispa de tus ojos,

ternura divina

y mágica leña

que alimenta el fuego.

Desde tu atalaya

de florido invierno,

desde los sollozos,

borrado vestigio

de mi otoño muerto,

escuchamos juntos

un canto a la vida,

contemplamos juntos

el futuro incierto

que hoy se ha tornado primavera.

Y siempre a la espera,

llegará el verano,

llegará otro otoño,

llegará otro invierno…

puede que también

nos llegue otro infierno.

Siempre centinelas,

dejándonos ir,

libres pero diestros,

y siempre mecidos

en alas del tiempo

¡a cualquier lugar!

¡a cualquier momento!

Gracias a tu amor,

gracias a mi amor,

se ha vestido de blanco

el sentimiento.

Se ha vestido de luz

el Universo.

Y nos cantamos:

¡Cuánto te amo!

¡Cuánto te quiero!

VIII. EL FINAL

Duele

Duele la pena negra

que tiñe de negro mi pensamiento

de negras palabras que asoma mi boca

entre dientes de acero

templado y violento.

Duele.

La pena caliente que hierve mis venas,

volcán de veneno

que abrasa mis noches de insomnio,

fecundo sarmiento

que ahoga el recuerdo

y lo viste de odio y de resentimiento.

Duele.

Gigante de amor con los pies de barro

Es lo que queda de tus requiebros.

Y en el día más triste de mis inviernos
bebo el agrio grial de tu desencuentro.
Duele.

Seis meses de espera,
Seis meses de amor.
Seis meses de duda.
Y después, un año de infierno
intentando salvar del naufragio
una sombra sin dueño.
Duele.

Heridas mugrientas
que se paseaban sobre mi silencio
malintencionadas y benevolentes
como los lamentos
que un día lanzaste como escudería
sobre los vaivenes de tus sentimientos.

Un beso robado quebranta mi aliento.

Un gesto a destiempo

de arrepentimiento.

Duele.

Allí donde el alba brotaba ternura

se extiende un vacío cobarde

que agita tu vida muy tarde

para perseguir sólo una aventura.

Duele.

Ya no hay caricias,

 ya no hay dulzura.

Ya no hay miradas risueñas

sobre mi cintura.

Ya no hay un beso

ni hay un "te quiero" de despedida

ni en los mensajes,

ni en las llamadas

ni en los encuentros.

Ya no hay anhelo por abrazarte.

Y si lo hubiera, lo clavo dentro

como una espada hasta desangrarme

del último gesto de tu deseo.

Duele.

De poco me sirve pensar

que eres un infante incapaz de amar.

Yo te amé mucho.

No sólo a la lumbre del arrebato

cuando me pedías que fuera tu esposa,

que te diera un hijo,

que diera cobijo

a un sueño barato

de guiñol imberbe,

de manzana verde.

Duele.

Por ese vinagre que me quema dentro

por tantas injurias que te he perdonado,

por esa cicuta por ti regalada,

por ese mortal desmerecimiento

que hiela mis huesos desnudos

de diosa adorada y después desterrada.

Duele.

Duele el dolor que arrastra mi vida

como duele el lujo de tus mentiras

las que tú te cuentas

y las que te inventas

para desarmarme,

para mutilarme,

para así poder olvidarme.

¿Duele?

IX. EL ETERNO RETORNO
La explosión de la supernova

Sólo el abrazo de la Muerte

da Vida a mi Ave Fénix.

Los vacíos que deja tu amor al partir

serán ermitas,

serán caminos para explorar

serán matrices para parir

los universos que me habitan.

Nuestro latir está hecho de polvo

de alguna remota estrella.

Por eso miro al cielo buscando

los límites del universo

y encuentro los ciclos

de la Vida/ Muerte/ Vida[1].

---

[1] Concepto que aparece en MUJERES QUE CORREN CON LOS LOBOS de Clarissa Pinkola Estes.

Tu despedida

dará paso a la bienvenida

de un amor diestro.

De otro maestro

que observe

mi eterna fuente interior.

El sueño enamorado se teje

con despropósitos,

desencantos,

desencuentros

que iluminan,

en estallidos

de combustión atroz,

de ira primaria y proverbial,

la esperanza de un nuevo horizonte

donde posar la mirada.

En pasajera morada,

ave de paso, peregrina inquieta

que sabe que no hay destino

sino estación y camino.

Sabedora de su propia extinción,

arde en la lumbre

de un plazo indefinido,

aceptando

con valor y dolor

la incertidumbre.

La esperanza de amor perdurable,

Amor Eterno,

viaja al borde de lo imposible

con estelas fugaces

y voraces.

La esperanza de amor perdurable,

al límite de lo infinito,

con su impulso enérgico y vital,

como un anhelo,

como feliz explosión de libertad,

cruza indómita y salvaje

surcando el cielo,

a lomos de su memoria y con coraje,

la Eternidad.

§   §   §

El sabor del Edén

Hermosa y rica manzana
que del árbol te descuelga
según la Física humana
la ley de la gravedad.

Yo sospecho otra verdad
que la fuerza de la altura
pues siendo fruta madura
lo determina tu edad.

Si la suerte te acompaña
te encontrará en el camino
el hambre de una alimaña.

Si te abandona el destino
pudrirte será tu sino
volviéndote a las entrañas
de la tierra que te hizo.

O siendo el fiel cobertizo

y alimento de un gusano

que se convertirá en decano

del primer amor huidizo.

Yo como tú, manzana

prefiero el primer destino.

Ni la cueva de un cretino.

Ni el alimento de un cerdo.

Ni la inspiración de un lerdo.

Ni fertilizar el camino.

Yo como tú, manzana

quiero tener la ocasión

de ser fruto de pasión

y terminar devorada

en un dulce revolcón

hasta entrada la alborada

en un plácido rincón.

Quiero ser saboreada

hasta perder el rubor

y al límite de mi semilla

de algún pasajero amor

que encarne la maravilla

de deshojar una flor.

Sólo entonces volveré

a la tierra caprichosa

sintiéndome muy orgullosa

de formar parte del todo

porque no encuentro otro modo

de sentirme más dichosa.

Querido/a lector/a:

¡Que el Amor te acompañe en tu camino!

Gracias.

Puedes enviarme tu opinión a:

clorap93@gmail.com

http://www.bubok.com/libros/5428/Desde-el-alma